Epikur am Küchentisch •
Rüdiger Kendziora / Eva-Margarete Wysocki

Rüdiger Kendziora / Eva-Margarete Wysocki

Epikur am Küchentisch

Philosophisches Kochbuch mit preiswerten Rezepten

FRIELING

Die Deutsche Bibliothek – CIP-Einheitsaufnahme
Kendziora, Rüdiger / Wysocki, Eva-Margarete :
Epikur am Küchentisch : philosophisches Kochbuch
mit preiswerten Rezepten /
Rüdiger Kendziora / Eva-Margarete Wysocki. –
Orig.-Ausg., 1. Aufl. – Berlin : Frieling, 1997
(Frieling–Ratgeber)
ISBN 3-8280-0461-X

Hünefeldzeile 18, D-12247 Berlin-Steglitz
Telefon: 0 30 / 7 74 20 11

ISBN 3-8280-0461-X
1. Auflage 1997
Titelgestaltung: Graphiti
Titelillustration: Eva-Margarete Wysocki

Printed in Germany

Inhalt

Verzeichnis der Philosophen

Vorwort

„Der Anfang und die Wurzel alles Guten ist die Lust des Bauches. Denn auch die gelehrten und hochgestochenen Dinge beziehen sich auf sie zurück.“ (Epikur)

Sie denken nicht, daß es möglich ist, preiswert zu kaufen?
Sie ahnen nicht, wie es möglich ist, preiswert zu kaufen und schmackhaft zu kochen?

Dieses „philosophische Kochbuch“ :

5 DM ...?! und ihr seid satt.
Sokratische Küche für jedermann!
(Klein im Preis – Groß im Geschmack)

macht das Unmögliche möglich.

Die Zutaten für die Herstellung und Zubereitung der angegeben Gerichte, Desserts, Salate und Suppen sind vorwiegend von einem marktführenden Anbieter von Billigprodukten zusammengestellt worden.

Mit Intelligenz und Mut können Sie die Gerichte ohne weiteres zu jeder Gelegenheit anbieten, ohne in Verlegenheit zu kommen, und das mit einem Kostenaufwand von nicht mehr als 5 DM pro Gericht.

Man muß nicht Philosoph sein, um auf ein lustvolles Leben mit Genuß zu verzichten. Im Gegenteil. Mit diesem Buch werden Sie zum Philosophen Ihrer eigenen Küche, und zwar mit den schönsten und schmackhaftesten Gerichten, die reich garniert sind mit philosophischen Anekdoten und Ideen zugleich, aber auch leicht verdaulich.

Quer durch den Gemüsegarten der Philosophiegeschichte bereitet dieses Kochbuch jeder Küche einfallsreiche Gerichte, deren Preisangaben keinem Hirngespinst entspringen, sondern den heutigen Verhältnissen und deren Möglichkeiten angepaßt sind.

Wagen Sie es! Nehmen Sie die „sokratische Selbstverkleinerung" zum Vorbild, denn dahinter verbirgt sich nicht nur Geistesgröße, sondern auch die Kunst der Konzentration auf das Wesentliche. Und wesentlich sind hier der *Geschmack* und der *Preis*.

Vielleicht bietet dieses Buch zudem für Sie auch noch Anlaß, das eine oder andere über den erwähnten Philosophen näher kennenlernen zu wollen. Als Stoff für ein Tischgespräch dient die Lektüre allemal.

Viel Spaß beim Kochen und Lesen.

Tomatensuppe à la Heraklit
(4 – 5 Pers.)

Zutaten:

ca. 1000 ml Wasser	
1/2 Packung Suppengemüse	ca. 1,00 DM
1/2 Packung passierte Tomaten	ca. 0,25 DM
1 kleine Dose Tomatenmark	ca. 0,20 DM
2 große Zwiebeln	ca. 0,30 DM
100 g durchwachsener Speck	ca. 0,80 DM
3 Eßl. Margarine	ca. 0,20 DM
10 gestr. Teel. klarer Brühe	ca. 0,30 DM
4 Eßl. Schlagsahne	ca. 0,10 DM
100 g Nudeln (Spiralen)	ca. 0,20 DM
1 Lorbeerblatt	
Pfeffer zum Abschmecken	
2 gehäufte Teel. Mehl, 100 ml Wasser zum Verdicken	

Preis insgesamt: 3,35 DM
Preis pro Person: 0,67 – 0,83 DM

Zubereitung:

Zwiebeln und Speck in kleine Würfel schneiden und mit der Margarine, etwas Wasser und klarer Brühe in der Pfanne dünsten, bis die Zwiebeln weich werden. Kleingeschnittenes Suppengemüse und Lorbeerblatt in einem Topf kochen. Wenn das Gemüse weich ist, passierte Tomaten, Tomatenmark, den Speck und die Zwiebeln hinzugeben und Pfeffer abschmecken. Nudeln in der Zwischenzeit kochen und in die Suppe fügen. Mehl mit Wasser anrühren und langsam in die Suppe gießen. Zum Schluß noch mit Schlagsahne abschmecken.

Guten Appetit!

„Alles fließt und nichts bleibt" (Heraklit)

Die Fragen der Philosophen in der vorsokratischen Zeit um das 6. Jahrhundert v. Chr. waren vorwiegend naturphilosophischer Art. Was allem zeitlichen Wechsel der überdauernde Urgrund der Dinge sei, wie er sich in die Dinge verwandelt und rückverwandelt, interessierte die Philosophen dieser Zeit. Woraus bestehen die Dinge? Ist der Urstoff Wasser, Luft oder gar Atome? Gottheiten kamen dem religiösen Bedürfnis entgegen. So kann auch hier die Frage nach der Grundsubstanz der Tomatensuppe gestellt werden. Als Ding in der Welt kann sie aus verschiedenen Elementen zusammengesetzt sein. Ist die Tomate die Grundsubstanz, aus der sich alles andere in der Suppe begründet?

Da bei dem Bestreben zu einem einheitlichen Begriff, der als Weltsubstanz den Urgrund darstellen sollte, die Veränderung nicht klar bestimmt werden konnte, meinte Heraklit, daß alles in Bewegung ist. Nichts bleibt. Im ewigen Spiel der Bewegungen und Veränderungen unterlegen, sah er nicht einen konstanten Urgrund als Weltsubstanz, sondern das Werden selber, die Bewegung schien ihm das Weltgeschehen und die Natur plausibler zu erklären. Die Zutaten der Suppe in diesem Sinne sind die Elemente, die jede Veränderung herbeiführen, aber an sich geschieht auch die Veränderung mit der Materie, die gegessen wird, verdaut usw. Diese Veränderung ist Bewegung und sie fließt. Im Feuer sah er das geeignete Medium, die züngelnden Verwandlungen selbst, das Werden und Vergehen angemessen verstehen zu können.Wenn sich ihr Zustand beim Essen der Suppe positiv ändert, kann das auch heißen, daß die Tomatensuppe schmackhaft ist.

Eintopf
(5 – 6 Pers.)

Zutaten:

1200 ml Wasser	
150 g Broccoli	ca. 0,30 DM
150 g Blumenkohl	ca. 0,20 DM
1 große Zwiebel	ca. 0,10 DM
1 Porree	ca. 0,50 DM
3 große Möhren	ca. 0,30 DM
1 Scheibe Sellerie	ca. 0,20 DM
2 große Kartoffeln	ca. 0,10 DM
100 ml Weißwein (trocken)	ca. 0,60 DM
2 Lorbeerblätter	
5 Körner grüner Pfeffer	
5 Körner schwarzer Pfeffer	ca. 0,20 DM
10 gestr. Teel. klarer Brühe	ca. 0,60 DM
4 Eßl. Schlagsahne zum Verfeinern	ca. 0,10 DM
2 Eßl. Margarine	ca. 0,20 DM
2 gehäufte Teel. Weizenmehl, 100 ml kaltes Wasser zum Verdicken	

Preis insgesamt: 4,17 DM
Preis pro Person: 0,70 – 0,80 DM

Zubereitung:

Zerkleinerte Zwiebel in Margarine und etwas Wasser dünsten, bis die Zwiebel weich ist. In einen großen Topf tun.

Hinzufügen: zerkleinerte Broccoli, Blumenkohl, Porree, Möhren, Sellerie, Kartoffeln, Wasser, klare Brühe, Lorbeerblätter, schwarzen und grünen Pfeffer.
Auf kleiner Flamme kochen, bis das Gemüse weich ist. Erbsen hinzufügen, mit Pfeffer abschmecken. Die warme Suppe mit Wasser-Mehl-Mischung unter ständigem Rühren unterrühren, mit Sahne verfeinern. Darauf achten, daß verkochtes Wasser wieder aufgefüllt wird.

Serviervorschlag: mit frischem Baguette
oder aufgebackenen Brötchen mit Butter

Guten Appetit!

„Die Freude ist das A und O“ (Epikur)

Ein mäßiges Leben nach der Vernunft, die die natürlichen von den künstlichen Bedürfnissen unterscheidet, ohne auf den ästhetischen und sinnlichen Genuß zu verzichten, war sein Anliegen. Lustgewinn setzt Gesundheit voraus, und die Gesundheit verbindet sich mit den natürlichen Bedürfnissen. Die Einsicht unterscheidet die mit den Gefühlen und der Bedürfnisbefriedigung erwartete Lust oder Unlust.

In Athen gründete er einen Garten, den Epikureischen Garten, dessen Eintritt kostenlos und auf Freundschaft gegründet war. Dort wuchs viel Gemüse und Obst. Mit den Tugenden verbindet sich auch ein freudvolles Leben. Sich im ruhigem Genuß an den Früchten der Natur zu erfreuen, die im Garten Epikurs wachsen, überschreitet nicht das Übermaß, und mit Schlagsahne verfeinert sich die Lusterfüllung. Nehmen Sie das Gemüse aus dem Garten Epikurs und würzen Sie nach Ihrem Geschmack, so wie sich Ihre Geschmacksknospen eine gelungene Suppe vorstellen können. Gesund ist das Gemüse allemal.

Paprikasuppe
(4 Pers.)

Zutaten:

1,5 Liter Wasser	
350 g Paprika (frische)	ca. 2,10 DM
1 große Zwiebel	0,10 DM
70 g Margarine	0,20 DM
3 Würfel Gemüsebrühe	0,20 DM
1 Teel. Basilikum	0,20 DM
150 g Nudeln (Spiralen)	0,26 DM
60 g Sahneschmelzkäse	0,47 DM
4 Eßl. Rotwein (Rioja)	0,10 DM
1 Eßl. Ketchup	0,05 DM

Mehlschwitze zum Verdicken:
In 100ml Wasser 4 geh. Teel. Weizenmehl

Preis insgesamt: 3,68 DM
Preis pro Person: 0,92 DM

Zubereitung:

In Würfel geschnittene Zwiebel in Margarine dünsten. Wenn die Zwiebel weich ist, in einen größeren Topf umfüllen.
Hinzufügen: Wasser, in Streifen geschnittene Paprika.
Gemüsebrühe zum Kochen bringen. Wenn die Paprika weich wird, Rotwein, Schmelzkäse, Basilikum und Ketchup hinzufügen. Mit Pfeffer abschmecken.

In der Zwischenzeit Nudeln kochen und mit der Suppe vermischen.
Hinweis: Hin und wieder die Suppe mit Wasser auffüllen, um die Menge zu behalten.
Zum Schluß mit Mehlschwitze verdicken.

Serviervorschlag: mit frischem Baguette
oder aufgebackenen Brötchen

Guten Appetit!

„Kalkül des Glücks“ (Jeremy Bentham)

Für Jeremy Bentham, der im 18. Jahrhundert in England lebte, waren moralphilosophische Fragen von besonderer Bedeutung. Was bestimmt die Handlungen als sittlich? Wonach begründet sich sittliches Handeln? Er erkannte, daß das Streben nach Glück in der Natur des Menschen liegt. Diese Natur unterliegt zwei Konstanten: der Lust und dem Leid. Danach richtet sich die Zielrichtung der Handlung. Nützlich sind Handlungen, die das Individuelle und das der Allgemeinheit vermehrt. Das größtmögliche Glück der größtmöglichen Zahl mit einer Handlung zu erzielen, war sein Grundsatz. In Anlehnung an die Mathematik sollte sich der „Glückswert“ einer Handlung für jeden der Betroffenen einzeln errechnen lassen. Die Addition der Glückswerte ergibt den Gesamtnutzen einer Handlung für alle Betroffenen.

Wenn Sie also die Zutaten als Glückszugaben auffassen, so können auch Sie den Glückswert Ihrer Suppe bestimmen. Der Glückswert bzw. der Gesamtnutzen steigt natürlich, je mehr Personen an Ihrer Glückssuppe teilhaben können. Ihr individueller Geschmack durch Ihre Würzung kann durchaus dazu beitragen, mehr Gäste zufrieden stellen zu müssen, als die Menge des Glückswertes der Suppe reicht.

Bohnensuppe
(4 – 5 Pers.)

Zutaten:

1200 ml Wasser	
125 g weiße Bohnen	ca. 0,60 DM
2 Zwiebeln	ca. 0,20 DM
1/4 Packung passierte Tomaten	ca. 0,13 DM
100 g durchwachsener Speck	ca. 1,00 DM
6 Eßl. Ketchup	ca. 0,30 DM
3 geh. Teel. klarer Brühe	ca. 0,20 DM
1 Teel. Basilikum	ca. 0,20 DM
2 Teel. Margarine	ca. 0,20 DM
2 Teel. Schlagsahne	ca. 0,10 DM

Preis insgesamt: 2,93 DM
Preis pro Person: 0,59 – 0,73 DM

Zubereitung:

Bohnen ca. 12 Stunden in kaltem Wasser einweichen und anschließend etwa 1,5 Std. kochen.
In der Pfanne zerkleinerte Zwiebeln mit Speck (Würfel), klarer Brühe, Margarine und etwas Wasser solange dünsten, bis die Zwiebeln weich sind. In den Bohnentopf hinzufügen.
Mit passierten Tomaten, Basilikum und Pfeffer abschmecken. Mit Sahne verfeinern. Verdampfendes Wasser immer wieder nachfüllen.

Serviervorschlag: mit frischem Baguette mit Butter
oder aufgebackenen Brötchen

Guten Appetit!

„Welt der Atome" (Demokrit)

Demokrit sah die Welt zusammengesetzt aus unzählbaren, letztendlichen, nicht weiter teilbaren Einheiten, den Atomen. Die Atome haben selber keine sinnliche Qualitäten und sind an sich neutral. Sie unterscheiden sich lediglich hinsichtlich der Größe, Form und dem Gewicht. Als Kollisionen von Atomen bilden sie Atomkomplexe mit sinnlich wahrnehmbaren Eigenschaften. Jedoch ist die Erkenntnisquelle über die sinnliche Wahrnehmung nicht die objektive Erkenntnis, sondern trifft lediglich das Sein der Dinge, wie es für u n s wahrnehmbar ist. Die Erkenntnis durch die Sinne ist dunkel, die durch den Verstand ist echt. So ist auch die Bohnensuppe an sich neutral, aber Ihre Sinnesorgane geben ihr den Geschmack, den sie als spezifische Bohnensuppe kennzeichnet. Natürlich bleibt sie also auch Ihre individuell hergestellte Suppe.

Blumenkohlsuppe
(4 – 5 Pers.)

Zutaten:

1200 ml Wasser	
1/2 Blumenkohl	ca. 1,50 DM
1 große Zwiebel	ca. 0,10 DM
2 Eßl. Margarine	ca. 0,20 DM
5 geh. Teel. klarer Brühe	ca. 0,20 DM
1/2 Scheibe Sellerie	ca. 0,10 DM
1/2 Packung Schlagsahne	ca. 0,30 DM
1 Eßl. Thymian	ca. 0,20 DM
1 Teel. Senf	ca. 0,10 DM
Pfeffer zum Abschmecken.	

Mehlschwitze zum Verdicken:
In 100 ml Wasser 2 geh. Teel. Weizenmehl

Preis insgesamt: 2,70 DM
Preis pro Person: 0,54 – 0,66 DM

Zubereitung:

Zerkleinerte Zwiebel mit Margarine dünsten, bis die Zwiebel weich ist. In einen Topf Wasser den in Würfel geschnittenen Sellerie, klare Brühe, Blumenkohl (kleine Teile) hinzufügen und das Ganze kochen. Wenn der Blumenkohl weich ist, mit Thymian und Senf würzen. Mit Pfeffer abschmecken und mit Sahne verfeinern. Zum Schluß mit Mehlschwitze verdicken.

Hinweis: Immer wieder zwischendurch die Suppe mit Wasser auffüllen.

Serviervorschlag: mit frischem Baguette
oder aufgebackenen Brötchen

Guten Appetit!

„Einheit von Erkennendem und Erkanntem“ (Moses Maimonides)

Der im 12. Jahrhundert geborene jüdische Schriftgelehrte und Hofarzt Sultan Saladins lebte in Kairo. Schon früh floh dieser vor islamischen Anhängern. Ihm galt die Philosophie von Aristoteles als vorbildlich. Er behauptete, daß der Mensch mittels seines Intellekts Gott erkennen könne. Im Vorgang des Erkennens wird die Einheit von Objekt und Person geschaffen. Im prozeßhaften Erkennen ist Intellekt und Gegenstand mit der Erkenntnis identisch. Bei Gott existiert die Dreieinheit von Erkennen, Erkennendem und Erkanntem in ewiger Ruhe.

Ihre Einheit von Person und Objekt wird sicherlich dann entstehen, wenn sich herumgesprochen hat, daß sie eine ausgezeichnete Blumenkohlsuppe zubereiten können.

Lauchcremesuppe
(3 – 4 Pers.)

Zutaten:

1200 ml Wasser	
3 Porree	ca. 2,40 DM
1 Lorbeerblatt	ca. 0,05 DM
3 Eßl. klarer Brühe	ca. 0,20 DM
1/2 Päckchen Sahnecremekäse (Streichkäse)	ca. 0,50 DM
l/2 Packung Suppengemüse	ca. 1,00 DM
Pfeffer zum Abschmecken	
Mehlschwitze: 100 ml und 2 geh. Teel. Weizenmehl	

Preis insgesamt: 4,15 DM
Preis pro Person: 1,04 – 1,38 DM

Zubereitung:

Suppengemüse im Wasser kochen; wenn das Gemüse weich ist, das Suppenwasser abgießen und auffangen. Hin und wieder mit dem aufgefangenem Wasser auffüllen.
Hinzufügen: Klein geschnittener Porree, Lorbeerblatt und klare Brühe. Wenn der Porree weich ist, mit Streichkäse verfeinern und mit Mehlschwitze verdicken.
Das restliche Gemüse kann anderweitig für einen Gemüsesalat verwendet werden.

Serviervorschlag: mit frischem Baguette
oder mit aufgebackenen Brötchen

Guten Appetit!

„Der eindimensionale Mensch“ (Herbert Marcuse)

Als Mitglied der „Frankfurter Schule“ mit Habermas, Adorno und Horkheimer war er Mitbegründer der „Kritischen Theorie“. In der Folge der 68er Kulturrevolution war sein Denken marxistisch geprägt. Er kritisiert den technologischen Apparat der Gesellschaft, in dem Strukturen der Unterdrückung erkennbar sind. Die einseitige Rationalität der Technik bewirkt die Selbstentfremdung des Menschen. Die Gesellschaft und ihre Repressionmittel verdecken die wahren Bedürfnisse, und der Mensch sucht sein Glück in Scheinbefriedigungen. Ein kritisches Bewußtsein vermag diese Verschleierungen aufzudecken und in Opposition zu treten. Bewußtsein ist an sich auch Bewußtsein des Widerspruchs zu den gegebenen Verhältnissen. Ziel seiner Philosophie ist ein „befriedetes Dasein“ des Menschen und nicht mehr der Kampf ums Dasein.

Trennen Sie also die Bestandteile Ihres falschen Bewußtseins wie das Gemüse von dem Suppenwasser. Mit der richtigen Würzung Ihrer eigenen Bedürfnisse wird Ihnen die Lauchcremesuppe gelingen. Ein zufriedenes Lächeln sagt manchmal mehr als alle Worte.

Empedokles'sche Hähnchenflügel
(2 Pers.)

Zutaten:

6 Hähnchenflügel	ca. 2,00 DM
100 g Margarine	ca. 0,20 DM
4 große Möhren	ca. 0,60 DM
1 große Zwiebel	ca. 0,10 DM
2 Eßl. süßer Paprika	ca. 0,30 DM
2 Eßl. klarer Brühe	ca. 0,20 DM

Pfeffer zum Abschmecken
1 gehäufter Teel. Weizenmehl, 50 ml Wasser zum Verdicken

Preis insgesamt: 3,40 DM
Preis pro Person: 1,70 DM

Zubereitung:

Hähnchenflügel mit den in Scheiben geschnittenen Möhren, der zerkleinerten Zwiebel, Paprika, klarer Brühe und etwas Wasser in eine Pfanne geben. Solange dünsten, bis das Fleisch weich ist.

Serviervorschlag: mit
a) Reis
b) Kartoffeln
c) aufgebackenen Brötchen

Salatvorschlag: Mittelmeersalat (2 Pers.)

1/3 Eisbergsalat	0,50 DM
3 Möhren (Scheiben)	0,45 DM
2 Tomaten (Würfel)	0,30 DM
1/3 Gurke (ohne Schale, in Scheiben)	0,30 DM

Dressing:
50 ml Essig, 50 ml Öl, 1/2 Teel. Zucker, Salz, Pfeffer

Preis insgesamt: 1,55 DM
Preis pro Person: 0,77 DM

Guten Appetit!

„Stammwurzeln aller Dinge“ (Empedokles)

Da in der Naturphilosophie „vor Sokrates“ die Unveränderlichkeit der Dinge, aber zugleich die Verschiedenheit und Veränderlichkeit des „Seienden“ scheinbar unverträglich nebeneinanderstanden, und nicht miteinander vermittelt zu werden schienen, sah Empedokles eine Lösung: es gibt eine Mehrzahl von Seiendem, was an sich unveränderlich ist, aber durch ihre Bewegung die Verschiedenheit erklärlich macht. In der Pfanne befinden sich sozusagen die Zutaten als Elemente. Empedokles meinte, daß vier Elemente – Erde, Wasser, Luft und Feuer – die Grundsubstanz bildeten. Die Elemente sind unzerstörbar und in sich gleichartig. Dabei jedoch teilbar. Die Mischung aber und die Entmischung der vier Elemente sollte die Verschiedenheit der Einzeldinge begründen. Die dabei entstehende Bewegung wurde durch unabhängige Ursachen hervorgerufen. Als Bewegungskräfte dachte Empedokles an Liebe und Haß. Das Gute und das Schlechte in den Erfahrungsgegenständen ist im Prinzip von Liebe und Haß abhängig. So wie durch Ihren persönlichen Geschmack oder Ihre Vorliebe für Art und Menge der Gewürze die Empedokleschen Hähnchenkeulen jeweils individuell schmecken.

Kants Königsberger Klopse
(2 – 3 Pers.)

Zutaten:

1/2 Packung Suppengrün	ca. 1,00 DM
1 große Zwiebel	ca. 0,10 DM
750 ml Wasser	
10 gestr. Teel. klarer Brühe	ca. 0,30 DM
300 g Hackfleisch (halb und halb)	ca. 2,00 DM
1 Ei	ca. 0,14 DM
2 gehäufte Eßl. Majoran	ca. 0,40 DM
2 Eßl. Senf	ca. 0,20 DM
1 Lorbeerblatt	
5 Körner schwarzer Pfeffer	ca. 0,10 DM
5 Körner grüner Pfeffer	ca. 0,10 DM
Pfeffer zum Abschmecken	
2 gehäufte Eßl. Weizenmehl, 100 ml Wasser zum Verdicken	

Preis insgesamt: 4,34 DM
Preis pro Person: 1,45 – 2,17 DM

Zubereitung:

Zerkleinerte Zwiebel und ganzes Suppengrün, Lorbeerblatt, 7 gestr. Teel. klarer Brühe, Pfefferkörner (schwarz und grün) in 1000 ml Wasser solange kochen, bis das Suppengrün weich ist. Anschließend das Suppengrün und die Zwiebel von der Suppe trennen. Hackfleisch, Majoran, 3 gestr. Teel. klarer Brühe, 1 Ei, und Pfeffer zu einer Masse verarbeiten, kleine Kugeln formen und in der Brühe kochen. Wenn die Klopse gekocht sind, 100 ml Wasser mit Mehl anrühren und langsam unter ständigem Mischen mit Senf in die Brühe unterrühren. Darauf achten, daß verkochtes Wasser wieder aufgefüllt wird.

Serviervorschlag: mit Kartoffeln oder frischem Baguette, dazu einen Gurkensalat

Gurkensalat mit Sahnesoße (2 – 3 Pers.)

1 frische Gurke	ca. 1,00 DM
1 Becher Schmand	ca. 0,70 DM
1 Zitrone (gepresster Saft)	ca. 0,20 DM
4 gehäufte Teel. Zucker	ca. 0,10 DM
Salz und Pfeffer zum Abschmecken	

Preis insgesamt: 2,00 DM
Preis pro Person: 0,70 – 1,00 DM

Zubereitung:

Gurke in Scheiben schneiden und salzen. Nach ca. 15 Min. Gurkenwasser wegschütten. Schmand mit Zitronensaft, Zucker und Pfeffer zu einer Marinade verarbeiten und unter die Gurken mischen.

Guten Appetit!

„Du kannst, denn Du sollst“ (Kant)

Der Philosoph Immanuel Kant wurde in Königsberg am 22. April 1724 geboren und lebte bis zu seinem Tode in dieser Stadt. Er war Philosophieprofessor und lebte ein streng geregeltes Leben. Die Königsberger Bürger stellten ihre Uhr nach ihm, denn täglich um 16.00 Uhr machte er einen Spaziergang, wobei er immer den gleichen Weg benutzte. Sein philosophisches Anliegen war moralisches Handeln von unmoralischem Handeln unterscheiden zu können. Jeder Mensch hat bestimmte Grundsätze, und nach der Möglichkeit diese subjektiven Maxime zu verallgemeinern, bemißt sich die Moralität der Handlung.

Ein inneres Sittengesetz, das Gesetz der Vernunft, ist Grundlage für moralisches Handeln. So wie das Suppengrün getrennt wird, nachdem es weichgekocht wurde, trennt das Sittengesetz die Maximen von den Neigungen, die nicht verallgemeinert werden können, sondern rein egoistischen Zwecken folgen. Übrig bleiben die Maximen, die mit dem Sittengesetz vereinbar sind. Diese Trennung macht die Zubereitung der richtigen Königsberger Klopse aus.

Pfannkuchen mit Quark
(4 – 5 Pers.)

Zutaten:

Teig:	
450 ml Mineralwasser	ca. 0,50 DM
2 Eier	ca. 0,28 DM
1 Päckchen Vanilinzucker	ca. 0,10 DM
3 gehäufte Eßl. Zucker	ca. 0,05 DM
400 ml. Weizenmehl	ca. 0,30 DM
200 – 300 g Margarine zum Anbraten	ca. 0,50 DM
Quarkfüllung:	
500 g Quark (Magerstufe)	ca. 0,98 DM
1 Päckchen Vanilinzucker	ca. 0,10 DM
7 gehäufte Teel. Zucker	ca. 0,05 DM
1 Eigelb	ca. 0,14 DM
30 g Rosinen	ca. 0,12 DM
2 gehäufte Eßl. Kartoffelstärke	ca. 0,05 DM
klein geriebene Schale einer Zitrone	ca. 0,20 DM
Soße (Guß):	
2 Becher Schmand	ca. 1,38 DM
2 Eßl. Zucker	ca. 0,05 DM
1 Päckchen Vanilinzucker	ca. 0,10 DM
Saft einer gepressten Zitrone	s.o.

Ergibt ca. 8 – 9 dünne Pfannkuchen

Preis insgesamt: 4,90 DM
Preis pro Person: 0,98 – 1,20 DM

Zubereitung:

Eier, Zucker, Mehl, Vanilinzucker und Mineralwasser mit einem Mixer zu Teig verarbeiten (sahneähnlichen Zustand).
Quark, Eigelb, Rosinen, Vanilinzucker, geriebene Zitronenschale und Kartoffelstärke zu einer Masse vermischen.
Den Teig in der Pfanne zu sehr hellen Pfannkuchen beidseitig anbraten. Anschließend herausnehmen, etwas abkühlen lassen. In die Mitte die Quarkfüllung auftragen und vorsichtig zu Taschen formen. Danach wieder in die Pfanne und von beiden Seiten goldbraun braten.
Zum Schluß mit Soße übergießen.

Guten Appetit!

„Ich weiß, daß ich nichts weiß" (Sokrates)

Sokrates gilt als der Philosoph des lebendigen Dialogs. Er selber hat nichts Schriftliches hinterlassen. Alles was wir über Sokrates wissen, ist von Platon überliefert. Er führte mit seinen Bürger Wechselgespräche und nahm dabei immer eine bescheidene Haltung ein. Diese „sokratische Ironie" oder Selbstverkleinerung als rhetorisches Mittel bekräftigte seinem Dialogpartner erst einmal dessen Überlegenheit. Aber nach und nach im Gespräch durch weiteres Hinterfragen und Neudefinieren entkleidete Sokrates die eigentliche Unwissenheit seines Gegenübers. Wie eine Art Geburtshilfe der Rede (Maieutik) enthüllte er die falschen Begriffe und prüfte die Meinung des anderen immer wieder und wieder. Wie die Umhüllung des Quarks legte er die falschen Begriffe bloß. Waren die Teigtaschen endlich geöffnet, zeigte sich deren wahrer Inhalt. Die Stärke seiner Überlegenheit machte es aus, daß er immer wieder den Kern der Sache traf. Selbsterkenntis war die Grundfüllung seines Bestrebens.

Diogenesische Heringshappen
(2 – 3 Pers.)

Zutaten:

1 Packung Matjesfilet in Öl	ca. 1,79 DM
1 reife Banane	ca. 0,30 DM
1 Apfel (süß-sauer)	ca. 0,20 DM
1/4 frische Gurke (ohne Schale)	ca. 0,25 DM
1 Becher Schmand	ca. 0,69 DM
1 Zitrone (Saft)	ca. 0,20 DM
4 gehäufte Teel. Zucker	ca. 0,05 DM
Pfeffer zum Abschmecken	

Preis insgesamt: 3,49 DM
Preis pro Person: 1,16 – 1,75 DM

Zubereitung:

Heringe mit warmen Wasser abspülen, Öl wegkippen. Heringe in Stücke schneiden.
Apfel schälen, Kerne entfernen und in Würfel schneiden. Banane und Gurke in Würfel schneiden.

Soße:
Schmand mit Zitronensaft, Zucker und Pfeffer mixen. Banane, Gurke und Apfel hinzufügen und mit Heringsstückchen vermischen.

Serviervorschlag: mit a) Kartoffeln
b) frischem Baguette mit Kräuterbutter
c) aufgebackenen Brötchen

Guten Appetit!

„Geh mir aus der Sonne“ (Diogenes von Sinope)

Der Philosoph Diogenes von Sinope verstand die Bedürfnislosigkeit als Pflicht. Die Selbstgenügsamkeit steigerte er bis zur inneren Askese, die ihren Ausdruck darin fand, daß er in einer Tonne lebte. Ihm galt keine Form des sittlichen Anstands, und auf Kulturwerte und Bildungsgüter legte er keinen Wert. Wegen seines beißenden Zynismus wurde er der „Hund“ genannt. Wie eine Anekdote erzählt, besuchte ihn Alexander der Große eines Tages, um ihm einen Wunsch zu erfüllen. „Geh mir bitte aus der Sonne“, war die Antwort des Kynikers.

Mitten am hellichten Tag suchte er mit einer Laterne „Menschen“, so wird erzählt. Ein komischer Kauz.

Um die Frische der Heringe zu erhalten, wurden die Fische in einer Holztonne mit Salz gelagert. Die einzige Bedürftigkeit, die einen schmackhaften Fisch ausmacht, ist die simple Zutat von Salz. Trotz dieser schlichten Lagerung ist der Inhalt bescheiden, aber in der Philosophie und im Geschmack hochanstehend, daher ist auch Diogenes von Sinope nicht unbedeutend. Vielleicht ist auch der Heringshappen für Sie nicht gleichgültig. Der Genuß verrät es Ihnen.

Hähnchenschenkel mit süß-saurer Soße (3 Pers.)

Zutaten:

3 Hähnchenschenkel tiefgefr. (oder im Angebot)	ca. 4,00 DM
1 Eßl. klarer Brühe	ca. 0,10 DM
1/2 Dose Ananas (Stückchen)	ca. 0,45 DM
1/2 Dose Ananas (Saft)	
1 Zwiebel (kleine Würfel)	ca. 0,10 DM
1 Apfel	ca. 0,20 DM
1 Zitrone (Saft)	ca. 0,20 DM
3 Teel. Rotwein trocken (z. B. Rioja)	ca. 0,05 DM
2 Eßl. Margarine (für Soße)	ca. 0,20 DM
4 Eßl. Margarine (zum Braten)	ca. 0,40 DM
1 Teel. Curry	ca. 0,10 DM
200 ml Wasser	
1 gehäufter Teel. Weizenmehl, 80 ml Wasser zum Verdicken	

Preis insgesamt: 5,80 DM
Preis pro Person: 1,93 DM

Zubereitung:

Hähnchenschenkel mit Margarine und klarer Brühe braten, und anschließend mit etwas Wasser dünsten, bis das Fleisch weich ist. In der Zwischenzeit, wenn das Fleisch brät, in einem anderen Topf Zwiebel in Margarine und etwas Wasser solange dünsten, bis die Zwiebel weich und durchsichtig wird. Ananasstückchen, Ananassaft, pürierten Apfel anschließend zu der weichen Zwiebel geben.

Hinzufügen: Rotwein, Zitronensaft, Curry, Zucker, Wasser.
Kurz vor dem Servieren mit Wasser-Mehl-Mischung verdicken (in die heiße Soße langsam unterrühren).

Serviervorschlag: mit Reis und Salat

Gemischter Salat (3 Pers.)

1/3 Eisbergsalat	ca. 0,50 DM
1/3 Gurke	ca. 0,30 DM
3 Tomaten	ca. 0,75 DM

Dressing:

50 ml Essig, 50 ml Öl	ca. 0,20 DM
1/2 Teel. Zucker, 1/2 Teel. Senf	

Preis insgesamt: 1,75 DM
Preis pro Person: 0,57 DM

Guten Appetit!

„Alles in Allem“ (Anaxagoras)

Die Ursubstanzen der Dinge sind unendlich und zahlreich, verschieden in Gestalt, Farbe und Geschmack, Homoömerien genannt. Die Qualitäten der Dinge werden durch die menschlich sinnliche Auffassung und seinen Intellekt voneinander geschieden. In jeder Homoömerie sind die Qualitäten anderer Homoömerien enthalten. Der zahlenmäßige Überschuß bestimmter Homoömerien macht die Eigenschaft des Dinges aus. Auch das Süße enthält in sich den Gegensatz des Sauren und die Mischung ist die Bewegung. Die leichteste, feinste und beweglichste Homoömerie „beseelt“ die Substanz. Es ist der Geist, der die Dinge in einer zweckmäßigen und schönen Ordnung strukturiert. So wie durch Ihren Geist die Mischung der Gegensätze entsteht, gestaltet sich auch die Einheit des Süßen und Sauren durch Ihre Zutaten. Versuchen Sie einmal, diese Einheit zu erreichen, Sie werden erstaunt sein, wie Gleiches seinen Gegensatz sucht und in einem hervorragenden Geschmack findet.

Broccoli-Kartoffel-Pfanne
(2 – 3 Personen)

Zutaten:

600 g gekochte Kartoffel	ca. 0,60 DM
250 g Broccoli	ca. 0,50 DM
1 große Zwiebel	ca. 0,10 DM
1 kleiner Apfel (süß-sauer)	ca. 0,20 DM
100 g frische Champignons	ca. 0,60 DM
3 Eßl. Margarine	ca. 0,20 DM
100 g Gouda	ca. 0,80 DM
1 Eßl. klarer Brühe	ca. 0,10 DM
1/2 Teel. Senf	ca. 0,05 DM
2 Eßl. Weißwein (trocken)	ca. 0,05 DM
Pfeffer zum Abschmecken	

Preis insgesamt: 3,20 DM
Preis pro Person: 1,10 – 1,60 DM

Zubereitung:

Die Zwiebel in einer großen Pfanne mit klarer Brühe, Margarine und etwas Wasser dünsten. Wenn die Zwiebel weich und durchsichtig ist, gekochte, in Scheiben geschnittene Kartoffeln, zerkleinerten Broccoli, zerkleinerte Champignons und Apfelstückchen hinzugeben.
Mit Senf, Wein und Pfeffer abschmecken, mit Käse bedecken und solange dünsten, bis der Käse zerläuft.

Serviervorschlag: Gurkensalat mit Dill

Gurkensalat mit Dill (2 – 3 Personen)

Zutaten:

1 frische Gurke	ca. 1,00 DM
1 Bund frischen Dill	ca. 1,50 DM

Dressing:
50 ml Öl, 50 ml Essig
1 Teel. Zucker

Salz und Pfeffer zum Abschmecken	ca. 0,20 DM

Preis insgesamt: 2,70 DM
Preis pro Person: 0,90 – 1,40 DM

Zubereitung:

Gurke in Scheiben schneiden und salzen. Nach ca. 15 Min. Gurkenwasser wegschütten. Dill fein zerhacken, mit Gurken vermischen, mit Dressing übergießen.

Guten Appetit!

„Möglichkeit und Wirklichkeit" (Aristoteles)

Aristoteles gilt als der Begründer wissenschaftlich systematischer Philosophie. Er trennte die Bereiche des Handelns von denen des Erkennens und des Herstellens. Er verfaßte auch Schriften zur Naturwissenschaft. Wesentlich ist seine Beschreibung der Dinge als geformter Stoff. Dem Broccoli liegt in seiner Substanz, seinem Samen, die Möglichkeit ein ausgereifter Broccoli zu werden, zugrunde. Erst mit der Zeit gestaltet sich sein Wesen aus der Möglichkeit zur Wirklichkeit. Die Form gibt dem Broccoli die Gestalt und seine Wirklichkeit. Das gleiche gilt für die Kartoffel. Jede Kartoffel verwirklicht mit der Zeit ihre Möglichkeit, bisweilen auch über die Grenze des gereiften Zustands hinaus – sie keimt. Jedoch ist in ihrem Keim die ausgereifte Kartoffel potentiell vorhanden. Geschehen erklärt Aristoteles als Entwicklung des Wesens der Dinge. Auch wenn hier Broccoli und Kartoffel gemischt sind, bleiben sie in ihrem Wesen unverändert. Wesentlich ist nur, daß mit Ihrem zweckgerichteten Kochen und den vorgestellten Zutaten für die Broccoli-Kartoffel-Pfanne, Sie selbst sich zu einem Kochkünstler entwickeln können. Einen Versuch ist es Wert.

Rührei mit Tomaten und Zwiebeln
(2 – 3 Pers.)

Zutaten:

3 Eier	ca. 0,42 DM
1 große Zwiebel	ca. 0,20 DM
2 große Tomaten	ca. 0,50 DM
4 Eßl. Margarine	ca. 0,20 DM
2 Teel. klarer Brühe	ca. 0,05 DM
Pfeffer zum Abschmecken	

Preis insgesamt: 1,37 DM
Preis pro Person: 0,46 – 0,69 DM

Zubereitung:

Zwiebel in Margarine solange dünsten, bis sie weich und durchsichtig sind. Dazu dann die klare Brühe und die Eier in der Pfanne verrühren, bis die Eimasse zäh wird.
Zum Schluß vorsichtig die Tomatenwürfelchen untermischen.
Mit Pfeffer abschmecken.

Serviervorschlag: mit aufgebackene Brötchen oder frische Baguettes

Guten Appetit!

„Verdünnung und Verdichtung des Urstoffs" (Anaximenes)

Anaximenes, der der Milesischen Schule entstammte, befaßte sich ebenfalls mit physikalischen Fragen der Weltentstehung, des Geschehens und der Veränderung. Für ihn galt die Luft als Urstoff. In seiner Verdünnung bringt sie das Feuer und die Wärme hervor. In der Verdichtung der Luft bildet sich Kälte und die materiell dichteren Stoffe wie Wolken, Erde und auch Steine. Die Unterschiede der Dinge in ihren Eigenschaften erklärte er aus der Veränderung der Aggregatzustände und der damit verbundenen Temperaturänderungen. Wärme und Kälte sind nicht Ursache, sondern Wirkung der Veränderung der Luft. In dieser Zubereitung bedeutet die Herdplatte als Feuer die Verdünnung der Luft, die gleichzeitig Wärme hervorbringt und auf die Eiermasse wirkt. Diese selbst gerät allerdings als verdichtete Luft, dichter als das Feuer in einen noch dichteren Zustand, der nicht Kälte hervorbringt. Dieser Zustand ist das Endergebnis der Verdichtung eines Geschmacksurteils, was mit einfachen Mitteln doch so viel Wirkung erzeugen kann, daß Sie dieses Gericht auch einmal auf die Schnelle anderen anbieten können.

Schinkenwürstchen mit Zwiebeln und Nudeln (2 – 3 Pers.)

Zutaten:

200 g Nudeln (Spiralen)	ca. 0,40 DM
4 Schinkenwürstchen	ca. 1,20 DM
2 mittelgroße Zwiebeln	ca. 0,20 DM
2 Eßl. Margarine	ca. 0,20 DM
2 Eßl. Ketchup	ca. 0,20 DM
1/2 Teel. süßer Paprika	ca. 0,20 DM
2 Eßl. klare Brühe	ca. 0,20 DM
3 Eßl. Schmand	ca. 0,35 DM
1/2 Teel. Curry	ca. 0,40 DM
Pfeffer zum Abschmecken	

Preis insgesamt: 3,35DM
Preis pro Person: 1,12 – 1,68 DM

Zubereitung:

Zwiebeln in Würfel schneiden und in Margerine solange dünsten, bis die Zwiebeln weich und durchsichtig sind. In Würfel gschnittene Schinkenwürstchen, Paprika, klarer Brühe, Curry, Ketchup und Schmand hinzugeben.
Mit Pfeffer abschmecken.
In der Zwischenzeit die Nudeln kochen und mit kaltem Wasser abschrecken.

Schinkenwürstchen in der roten Soße auf die warmen Nudeln übergießen und gut vermischen.

Serviervorschlag: mit gehackter Petersilie überstreuen

Guten Appetit!

„Lebendige Kraft der Monaden“ (Leibniz)

In den naturwissenschaftlichen Erklärungsversuchen der Welt und der Weltzusammensetzung war Gottfried Wilhelm Leibniz in der Zeit der Renaissance mit einer Monadenlehre aufgetreten. Den Bewegungsgrund der materiellen Körper sah er in immateriellen Kräften, die lebendig wirken. Die Kraftsubstanz nannte er Monade. Sie ist ein in sich vollständiges Wesen, welches weder aktive Einflüsse ausüben kann noch passive Wirkungen erleidet. In ihr wohnt ein inneres Gesetz, welches Gott, die Urmonade, ihr verliehen hat. Monaden sind Vorstellungsinhalte, verworren oder deutlich. Jede Monade hat aber auch die Vorstellungen anderer Monaden in sich, und zwar in der Weise, daß sie im Lebensspiel systematisch und sinnvoll aufeinander bezogen sind. So entsteht Korrespondenz und Lebensverwandtschaft und sie folgen den festgelegten Zwecken Gottes, der Zentralmonade. Gott besitzt die vollständige Durchsichtigkeit und Klarheit der Welt in seinen Vorstellungen. Jede Nudelspirale aufgefaßt als Monade bewegt sich im Ganzen der vielen anderen Monaden, und die Richtung des Nudelgerichts wird mit der Soße in eine andere Qualität überführt. Der Zweck ist die schmackhafte Mischung, die dem Ganzen seine „Lebendigkeit“ verleiht, und vielleicht gewinnen auch Sie jetzt eine klare Vorstellung von einem Nudelgericht, wie es schmecken sollte. Wer weiß, ob Gott seine Hände im Spiel hat?

Putenunterschenkel in Orangensoße
(2 Pers.)

Zutaten:

1 Putenunterschenkel (ca. 600 g)	3,00 DM
1 Porree	0,40 DM
2 geh. Teel. klarer Brühe	0,10 DM
3 Eßl. Margarine	0,20 DM
2 Orangen (Saft)	1,00 DM
1/2 Zitrone (Saft)	0,10 DM
1 Päckchen Vanilinzucker	0,10 DM
2 Eßl. Zucker	0,10 DM
ca. 200 ml Wasser zum Dünsten	

Mehlschwitze zum Verdicken:
In 100 ml Wasser 2 geh. Teel. Weizenmehl

Preis insgesamt: 5,00 DM
Preis pro Person: 2,50 DM

Zubereitung:

Fleisch in Margarine anbraten und mit geschnittenem Porree und klarer Brühe solange dünsten, bis das Fleisch weich ist.
Hinzufügen: Saft aus Orangen und Zitrone, Zucker, Vanilinzucker.
Mit Mehlschwitze verdicken.

Serviervorschlag: mit Kartoffeln und Gurkensalat
oder mit Reis und Mittelmeersalat

Mittelmeersalat:

1/2 Eisbergsalat
3 mittelgroße Möhren
2 Tomaten
1/3 Gurke ohne Schale

Marinade:
Essig und Öl (Menge nach Belieben, 1:1 Mengenverhältnis)
Salz, Pfeffer
1/2 Teel. Zucker

Guten Appetit!

„Alle Schwäne sind weiß“ (Karl Raimund Popper)

Karl Raimund Popper gehört zu den modernsten Wissenschaftstheoretikern des 20. Jahrhunderts. Er begründete die Philosophie des „Kritischen Rationalismus“. Als Mitglied des Wiener Kreises arbeitete er daran, den Gang wissenschaftlicher Forschung zu studieren und Kriterien zu finden, wie wissenschaftliche Hypothesen gebildet werden. Er zeigt, daß um zu beweisen, daß alle Schwäne weiß sind, es immer nur zu einer begrenzten Anzahl von Überprüfungen kommen kann. Forschungslogisch sinnvoller sei es, den Satz „Alle Schwäne sind weiß“ zu falsifizieren, als falsch zu erweisen. Das Gegenteil: der Widerspruch hieße: „Es gibt einen schwarzen Schwan“.

Findet sich denn also ein schwarzer Schwan, so sind eben nicht alle Schwäne weiß. Die Hypothese „es gibt keinen schwarzen Schwan“ ist falsifiziert oder widerlegt.

Stellen Sie sich bei diesem Gericht, abgesehen davon, daß es sich hierbei um Puten und nicht um Schwäne handelt, einmal vor, daß Ihre Hypothese „Kein Putengericht paßt mit Orangen zusammen“ eine wissenschaftliche Behauptung wäre. Probieren Sie einmal dieses Gericht, und ihre Hypothese ist falsifiziert oder widerlegt. Ihr Geschmacksurteil ist dann keine Hypothese mehr, sondern die Feststellung: „Es gibt ein außergewöhnliches Putengericht, daß mit Orangen zusammenpaßt.“ Wir helfen Ihnen dabei, ihre Hypothese zu widerlegen.

Broccoli-Kartoffel-Champignons-Auflauf (2 Pers.)

Zutaten:
(Auflaufform: Inhalt ca. 1500 ml)

5 kleine gekochte Kartoffeln	ca. 0,30 DM
200 g Broccoli	ca. 0,40 DM
150 g frische Champignons	ca. 1,00 DM
2 Eier	ca. 0,28 DM
200 ml Milch	ca. 0,30 DM
1 geh. Teel. klarer Brühe	ca. 0,10 DM
1 geh. Eßl. Majoran	ca. 0,20 DM
150 g Gouda (gerieben)	ca. 1,20 DM
2 Eßl. Margarine	ca. 0,20 DM
Pfeffer zum Abschmecken	

Preis insgesamt: 3,98 DM
Preis pro Person: 1,99 DM

Zubereitung:

Broccoli und Champignons zerkleinern und in der Pfanne mit Margarine kurz dünsten. Kartoffeln zerkleinern. Broccoli mit den Champignons und die Kartoffeln schichtweise in die Auflaufform geben. Eier mit Milch, Majoran, klarer Brühe, Pfeffer zusammen verrühren und in die Form gießen. Mit Käse bestreuen. Bei einer Temperatur von 180–200 Grad ca. 30 Min. im Ofen backen.

Guten Appetit!

„Irrationaler Kern der Physik" (Max Planck)

Der Physiker stellt neben seinen berühmten „Quantensprüngen", für die er 1918 den Nobelpreis erhielt, auch wissenschaftstheoretische Fragen von großer philosophischer Bedeutung. Er bemerkt, daß die Formulierung eines Problems genauso schwierig sein kann wie dessen Lösung. Mit der richtigen Formulierung läßt sich zeitweilig auch erst das Problem lösen. Er behauptet, daß es in der Wissenschaft stets einen irrationalen Kern gibt, der es dem Forscher nicht ermöglicht, eine objektive Distanz herzustellen. Der Mensch selbst als Teil der Natur kann insofern seine Subjektivität nicht negieren und diese hat Auswirkungen auf die wissenschaftliche Hypothesenbildung. Der Gesetzmäßigkeit der Natur stellt er statistische Wahrscheinlichkeiten gegenüber.

Wenn Sie an diesem Beispiel schichtweise die Naturprodukte abtragen und in eine andere Form geben, so kann sich mit großer Wahrscheinlichkeit zeigen, daß dieser Auflauf wenigstens einen Teil Ihrer Natur zufrieden stellen kann, nämlich Ihren Magen.

Kartoffeln mit Quark
(2 Pers.)

Zutaten:

2 Päckchen Quark (500 g)	ca. 1,00 DM
1/2 Bund Schnittlauch	ca. 1,00 DM
50 g Essig-Champignons	ca. 0,50 DM
1/2 Teel. süßer Paprika	ca. 0,10 DM
3 Eßl. Schmand	ca. 0,30 DM
Salz und Pfeffer zum Abschmecken	

Preis insgesamt: 3,40 DM
Preis pro Person: 1,70 DM

Zubereitung:

Quark mit Schmand, Champignons (kleine Würfelchen), klein geschnittenen Schnittlauch, Paprika, Salz und Pfeffer vermischen.
In der Zwischenzeit Kartoffeln kochen. Den Quark mit den warmen Kartoffeln servieren.

Serviervorschlag: Gurkensalat mit Dill in Sahnesoße

Guten Appetit!

„Streben nach Leidenschaftslosigkeit“ (Seneca)

Seneca war ein Vertreter der antiken Philosophie der Stoa. Man kennt den Ausdruck „stoische Ruhe“ und versteht darunter einen Zustand der Gelassenheit trotz starker Bedrängnisse. Für Seneca ist das Ganze, die Welt und der Kosmos, von göttlicher Vorsehung vernünftig geordnet. Es ist daher der jederzeit denkbar beste Zustand. Es gilt das Vertrauen in die kosmische Ordnung wachzurufen und den Menschen der inneren Selbstbestimmung zu verpflicheten. Er soll gesittet, rücksichtsvoll und selbstbeherrscht sein. Das Gewissen dient als unerbittlicher und quälender Beobachter und Wächter unserer guten und schlechten Taten. Dabei ist ein vernunftgemäßes Leben gleich einem naturgemäßen Leben und umgekehrt gleichzusetzen. Der wahre Philosoph ist gleichgültig alledem gegenüber, was nicht von ihm abhängt. Erstrebenswert ist ein Leben ohne Leiden und Leidenschaften.

Bisweilen ist es jedoch erstaulich, mit welch einfachen Mitteln man die Leidenschaften hervorrufen kann. Vielleicht entwickeln Sie sich als leidenschaftlicher Koch und genießen, jedoch in Ruhe und Besinnlichkeit, die Früchte ihrer Bemühungen.

Reibekuchenmutation
(3 Pers.)

Zutaten:

700 g Kartoffeln (gerieben)	ca. 1,00 DM
1 Ei	ca. 0,14 DM
1 große Zwiebel	ca. 0,10 DM
75 g Cabanossi	ca. 0,75 DM
2 Teel. klarer Brühe	ca. 0,10 DM
1 Teel. süßer Paprika	ca. 0,10 DM
8 geh. Eßl. Weizenmehl	ca. 0,10 DM
Pfeffer zum Abschmecken	

Preis insgesamt: 2,29 DM
Preis pro Person: 0,76 DM

Zubereitung:

Geriebene Kartoffeln, Ei, Zwiebel (kleine Würfelchen), Cabanossi (die Haut entfernen und in kleine Würfelchen schneiden), klare Brühe, Paprika, Mehl, Pfeffer vermischen. In der Pfanne auf mittlerer Hitze von beiden Seiten goldbraun knusprig braten.

Serviervorschlag: Schmand mit Zitrone und Zucker

1 Becher Schmand
1 Zitrone (Saft)
3 geh. Teel. Zucker

Alle Zutaten gut vermischen und auf die Reibekuchen verteilen.

Guten Appetit!

„Die Welt der Bilder“ (Johann Gottlieb Fichte)

Für Fichte war die Frage leitend, wie wir die Objektivität der Welt gewinnen. Besteht diese Welt auch außerhalb unserer Vorstellung. Er kommt zu dem Ergebnis, daß das denkend tätige Ich lediglich Bilder von der Welt produziert. Die Welt erscheint als Bildertraum ohne wahre Realität. Auch das Ich in seiner Freiheit kann zu reiner Fiktion werden. Die Begrenzung der Freiheit geschieht durch andere Ichs. Darin erkennt der Mensch sich in einer Gemeinschaft freier Wesen existent. Wenn das Ich die absolute Freiheit seiner selbst erst aufgibt, ist dies der Weg zur Gotteserkenntnis. Das Ich wird des „einigen, wahren, des göttlichen Seins teilhaftig“.

Erst das „Leben in Gott ist frei sein in ihm.“

Frikadellen mit Möhren süß-sauer und Kartoffeln (4 – 5 Pers.)

Zutaten:

300 g Gehacktes (halb & halb)	ca. 3,00 DM
1 geh. Eßl. Majoran	ca. 0,20 DM
1 geh. Eßl. Kräuter der Provence	ca. 0,20 DM
1 Ei	ca. 0,14 DM
1 große Zwiebel	ca. 0,20 DM
1 geh. Eßl. klarer Brühe	ca. 0,20 DM
1 trockenes Brötchen	ca. 0,40 DM
Pfeffer zum Abschmecken	
Margarine zum Braten.	
Paniermehl zum Wenden der Frikadellen.	

Preis insgesamt: 4,34 DM
Preis pro Person: 0,87 – 1,09 DM

Möhren süßsauer

Zutaten:

ca. 1 l Wasser (zum Kochen bringen)	
600 g Möhren	ca. 0,80 DM
2 Zitronen (Saft)	ca. 0,40 DM
5 geh. Teel. Zucker	ca. 0,10 DM
1 Eßl. Butter/Margarine	ca. 0,10 DM
2 Teel. klarer Brühe	ca. 0,10 DM

Mehlschwitze: 100 ml Wasser, 2 geh. Teel. Weizenmehl

Preis insgesamt: 1,50 DM
Preis pro Person: 0,30 – 0,37 DM

Zubereitung:

Frikadellen:
Das Gehackte mit Ei, Majoran, Kräutern der Provence, Zwiebeln, klarer Brühe, dem in Wasser eingeweichten und ausgedrückten Brötchen, schwarzem und weißen Pfeffer vermischen. Kleine Frikadellen formen und im Paniermehl wenden. In der Pfanne auf mittlerer Hitze von beiden Seiten anbraten.

Möhren:
In der Zwischenzeit Möhren schälen und im Wasser mit 2 Teel. klarer Brühe kochen. Wenn die Möhren weich sind, aus dem Wasser herausnehmen und in kleine Würfel schneiden, dann aber wieder ins Wasser.
Hinzufügen: Zitronensaft, Zucker, Butter oder Margarine und mit Mehlschwitze verdicken

Serviervorschlag: mit gekochten Kartoffeln

Guten Appetit!

„Macht der Gewohnheit“ (David Hume)

David Hume gilt als der herausragendste Philosoph der englischen Aufklärung. Wie Erfahrung und Denken zusammenzubringen sind, war eine der wesentlichen Fragen, die ihn bewegte. Die Sinne geben dem Verstand den Stoff, die Erfahrung zu verbinden, umzustellen oder zu erweitern. Die Idee von Gott beispielsweise entsteht durch die Steigerung menschlicher Eigenschaften wie Güte oder Gerechtigkeit ins Absolute. Denken ist auch unabhängig von Erfahrung möglich, indem Ideen miteinander verbunden werden. Als Denkgewohnheit sieht er die Verbindung von Erfahrungstatsachen zu einem Ursache-Wirkungszusammenhang zu verknüpfen. Ein Kausalgesetz kann daher nur durch Erfahrung und die Gewohnheit, b aus a abzuleiten, gewonnen werden.

Wenn Sie bei diesem Gericht einmal ihre Gewohnheiten verlassen, werden Sie vielleicht Ihr neues Küchenkausalgesetz finden. Letztlich kann sich dies aber wieder nur davon ableiten lassen, was Ihnen schmeckt. Eine Erfahrung ist es Wert.

Tortellini in Sahnesoße
(2 Pers.)

Zutaten:

250 g Tortellini	ca. 1,79 DM
1 große Zwiebel	ca. 0,15 DM
1 Eßl. Margarine	ca. 0,10 DM
3 große Eßl, Schmand	ca. 0,50 DM
100 ml Milch	ca. 0,10 DM
1 gestr. Teel. klarer Brühe	ca. 0,05 DM
1 geh. Teel. Basilikum	ca. 0,10 DM
1/2 Zitrone (Saft)	ca. 0,10 DM
1 Eßl. Baccardi Rum	ca. 0,10 DM

Preis insgesamt: 2,99 DM
Preis pro Person: 1,50 DM

Zubereitung:

Tortellini kochen. Zwiebel mit Margarine goldglasig anbraten, bis die Zwiebel weich ist.
Hinzufügen: Schmand, Milch, klare Brühe, Basilikum, Baccardi und Zitronensaft. Mit Pfeffer abschmecken. Auf die warmen Tortellini übergießen.

Serviervorschlag: Eisbergsalat mit Tomaten

Zutaten:

1/4 Eisbergsalat
3 Tomaten (Würfel)

Soße:
50 ml Öl, 50 ml Essig
1 Eßl. Kräuter der Provence,
2 Teel. Zucker

Guten Appetit!

„Sonnenstaat“ (Campanella)

Thomas Campanella war italienischer Philosoph und ein streng kirchlich gesinnter Dominikaner. Er entwickelte in seinem „Sonnenstaat“ den Entwurf eines sozialistischen Zukunftsstaates. Ein mathematisch abgezirkelter Plan der Reichsstadt bis zur exakten Stundeneinteilung des täglichen Arbeitens und Genießens hin zur Bestimmung der astrologisch günstig festgesetzten Zeit der Paarung, verfolgte er, damit die Idee eines geordneten Staates zum Wohle des Ganzen bestehen kann. Je mehr einer weiß, desto mehr Macht sollte er im Staat bekommen. Bei alledem sollten vier Stunden Tagesarbeit im Durchschnitt genügen.

Sehen Sie, wie wenig Zeit die Vorbereitung und Herstellung der Tortellini braucht, um wenigstens zum Wohle aller sich an Ihrem Tisch befindlichen Personen beitragen zu können.

Hefepfannkuchen mit Äpfeln
(3 – 4 Pers.)

Zutaten:

3 Äpfel	ca. 1,00 DM
2 Zitronen (Saft)	ca. 0,40 DM
5 geh. Teel. Zucker	ca. 0,10 DM
1 Päckchen Vanilinzucker	ca. 0,10 DM
Teig:	
1 Packung Hefe	ca. 0,30 DM
2 Eier	ca. 0,28 DM
400 ml Mineralwasser	ca. 0,25 DM
750 ml Weizenmehl	ca. 0,25 DM
4 geh. Eßl. Zucker	ca. 0,08 DM
1 Päckchen Vanilinzucker	ca. 0,10 DM

Preis insgesamt: 2,81 DM
Preis pro Person: 0,70 – 0,93 DM

Zubereitung:

Äpfel schälen und in Ringe (ca. 0,5 cm dick) schneiden, Kerngehäuse entfernen.
Zitronensaft mit Zucker und Vanilinzucker verrühren und die Apfelringe ca. 1/4 Std. darin marinieren.

Hefeteig:
Eier, Mineralwasser, Mehl, Vanilinzucker und Hefe mit einem Mixer zu Teig kneten. An einen warmen Platz stellen und etwa 1 Stunde gehen lassen.
In der Pfanne Fett erhitzen. Teig in die Pfanne geben und auf den Teigfladen einen Apfelring legen. Vorsichtig etwas drücken und anschließend wieder mit Teig übergießen. Auf kleiner Flamme von beiden Seiten goldbraun braten.

Serviervorschlag: mit Zucker und Zimt

Guten Appetit!

„Wille zur Macht“ (Friedrich Nietzsche)

Friedrich Nietzsche, als Sohn eines Pfarrers in Röcken 1844 geboren, war der psychologisch und philosophisch tiefbohrendste Denker des 19. Jahrhunderts. Er stellte die gesamte bisherige Philosophie in Frage. Für ihn war Gott tot. Es gab keine Religion, und Glaube war das Ressentiment der „Schlechtweggekommenen“. So endet seine Philosophie in der nihilistischen Absage jeder Wertorientierung. „Umwertung der Werte“ sollte das neue Ziel sein, und die Schaffung eines „Übermenschen“ als Krönung des Menschseins aus dem sinnlosen Wiederkehren des ewig Gleichen. Die Welt aber ist für ihn Wille zur Macht. Nichts anderes als Naturtrieb auch in jeder Philosophieform stärker zu sein als andere. Ausweg ist die Anerkennung des Nihilismus. „Liebe dein Schicksal“ ist die Tröstung für den Menschen.

Eier in Tartare-Soße
(2 – 3 Personen)

Zutaten:

6 hartgekochte Eier	ca. 0,84 DM
100 g Essig-Champignons	ca. 1,00 DM
100 g Essiggurken	ca. 0,50 DM
250 ml Mayonnaise	ca. 1,00 DM
1 kleine Tomate zum Garnieren	ca. 0,10 DM
1/2 Teel. klarer Brühe	ca. 0,05 DM
Pfeffer zum Abschmecken	

Preis insgesamt: 3,49 DM
Preis pro Person: 1,20 – 1,80 DM

Zubereitung:

Champignons und Gurken in sehr kleine Würfelchen schneiden und zerhacken. Mit Mayonnaise, klarer Brühe und Pfeffer zu einer dicken Soße verarbeiten.
Gekochte Eier in zwei Hälften schneiden, auf eine Platte legen und mit Soße übergießen. Tomate in kleine Würfel schneiden und auf die Soße in Mosaikform verteilen.

Serviervorschlag: mit frischem Baguette
oder aufgebackenen Brötchen mit Butter

Guten Appetit!

„Ich denke, also bin ich“ (Descartes)

Mit einem großen Satz in die Zeit des 30-jährigen Krieges, Zeit der Glaubenskriege, versetzt, wendet sich der Philosoph der Frage zu: „Was ist eigentlich gewiß?“ In der Welt der Sinne und der Träume kann sich Wahrheit und Täuschung vermischen. Nicht die Klarheit der Dinge ist offensichtlich, Klarheit der Begriffe von den Dingen ist erforderlich. Die Welt und der Mensch ist ausgedehnt. Dies ist die eine Hälfte vom Ei. Die andere Hälfte ist das Bewußtsein, die res cogitans, unsere Vorstellungen. Geist und Materie ist die Grundsubstanz der Welt, das ganze Ei sozusagen in zwei Hälften. Nur der Mensch hat Geist, und die Idee der Vollkommenheit ist die Idee von Gott, der damit bewiesen ist. Weil der Mensch unvollkommen ist, aber die Idee der Vollkommenheit besitzt, ist damit das Dasein Gottes bewiesen.

Aber die Vorstellungen müssen nicht mit der Realität übereinstimmen. Jedoch wenn ich zweifele, und mir gewiß bin, daß ich zweifele, habe ich wenigstens die Gewißheit über diesen Zweifel. Der Zweifel wird zur Bewußtseinsrealität.

Zweifeln Sie an der Existenz der beiden Hälften vom Ei, weil die Soße sie nicht zu erkennen gibt, denken Sie sich eine Hälfte vom Ei als ihr Bewußtsein, und mit dem Wissen um die Zubereitung der Eier in Tartare-Soße, zweifeln Sie beim Essen sicher nicht mehr daran, was Sie essen. In jedem Falle eine Köstlichkeit, daran läßt Ihr Sinneseindruck keinen Zweifel mehr aufkommen.

Kartoffelsalat
(2 – 3 Pers.)

Zutaten:

5 große Kartoffeln (gekocht)	ca. 0,50 DM
2 große Zwiebeln	ca. 0,20 DM
150 g Essiggurken	ca. 0,60 DM
250 g Mayonnaise	ca. 1,00 DM
1/2 Teel. Senf)	
2 gestrichene Teel. klarer Brühe	ca. 0,05 DM
1 Tomate	ca. 0,10 DM
schwarzer Pfeffer zum Abschmecken	

Preis insgesamt: 2,45 DM
Preis pro Person: 0,82 – 1,23 DM

Zubereitung:

Kartoffeln, Zwiebeln und Essiggurken in kleine Würfel schneiden. Mayonnaise, Senf und klare Brühe hinzufügen und mit Pfeffer abschmecken. Mit Tomatenwürfelchen garnieren.

Serviervorschlag: Warme Schinkenwürstchen

„Lichtung des Seins“ (Heidegger)

Martin Heidegger war Philosoph und Mitbegründer existenzphilosophischer Variationen seines Denkens. Er wurde in Meßkirch 1889 geboren und lebte zeitlebens in der Nähe vom Schwarzwald, wo er ein Hütte bewohnte. Seine Philosophie war durch Erdverbundenheit gekennzeichnet. Er lehrte Philosophie und die Frage nach den Sinn vom Sein war sein oberstes Anliegen. Der Mensch lebt schon immer im Seinsverständnis mit dem er die Welt auslegt. Er „versteht“ die Welt bereits und weiß sich in seinem „In-der-Welt-Sein“ stets zu bewegen. Vom Verstehen des „Seienden“ existiert er in der Welt und das Sein gibt dem Seienden Sinn. Das Sein gelangt durch den Mensch hindurch, aber Sein ist nicht Seiendes. Der Mensch ist Dasein, und in der Unheimlichkeit der Angst begegnet er sich selbst (Eigentlichkeit). Sein ist nicht Seiendes und Seiendes ist nicht Sein, aber beides ohne das andere existiert nicht. So können die Würstchen (Seiendes) an sich ihre besondere Bedeutung bekommen, wenn der Kartoffelsalat (Sein) ihnen eine andere Qualität verleiht. Im Zusammensein von Würstchen und Kartoffelsalat findet sich ein Gericht, wo Teile sich ergänzen und auf einmal die Würstchen auch „eigentlich“ gut schmecken.

Nudelsalat mit Fleischwurst
(3 – 4 Pers.)

Zutaten:

100 g Nudeln (Spiralen) gekocht	ca. 0,20 DM
100 g Fleischwurst (Würfel)	ca. 0,46 DM
1 Paprikaschote	ca. 1,00 DM
1 Zwiebel	ca. 0,10 DM
2 Tomaten	ca. 0,40 DM
100 g Essiggurken	ca. 0,50 DM
250 g Mayonnaise	ca. 1,00 DM
1 Teel. Senf	
1/2 Teel. klarer Brühe	ca. 0,10 DM
1 Eßl. gehackte Petersilie	ca. 0,50 DM
Pfeffer zum Abschmecken	

Preis insgesamt: 4,26 DM
Preis pro Person: 1,10 – 1,42

Zubereitung:

Nudeln, Fleischwurstwürfel, in Streifen geschnittene Paprikaschote, zerkleinerte Zwiebel, Tomaten (Würfelchen) und Essiggurken vermischen.
Soße: Mayonnaise mit klarer Brühe, Senf und Pfeffer vermischen und den Nudeln unterrühren. Mit Petersilie bestreuen.

Serviervorschlag: mit frischem Baguette und Butter
oder aufgebackenen Brötchen

Guten Appetit!

„Pessimistische Trostlosigkeit" (Arthur Schopenhauer)

„Das niedrig gewachsene, schmalschultrige, breithüftige und kurzbeinige Geschlecht das Schöne zu nennen, vermochte nur der vom Geschlechtstrieb umnebelte männliche Intellekt. Mit mehr Fug könnte man das weibliche Geschlecht das Unästhetische nennen. Weder für Musik, noch Poesie, noch bildende Künste haben sie wirklich und wahrhaftig Sinn und Empfänglichkeit. ... Was die Weiber kennzeichnet, ist ein „an Verrücktheit grenzender Hang zur Verschwendung, eine 'instinktartige Verschlagenheit', ein 'unvertilgbarer Hang zum Lügen'. Kurz: Das Weib ist ein suborientiertes Wesen, eine Art Mittelstufe zwischen dem Kinde und dem Manne, welcher der eigentliche Mensch ist." (Zitat original Schopenhauer)

Welch eine unverfrorene Unkenntnis über das weibliche Geschlecht!

Nudelsalat mit Ananas
(3 – 4 Pers.)

Zutaten:

200 – 250 g Nudeln (Spiralen)	ca. 0,35 DM
1/2 Dose Ananas (Stückchen)	ca. 0,50 DM

Soße:

150 ml Mayonnaise	ca. 0,30 DM
3 Eßl. Schmand	ca. 0,20 DM
2 geh. Teel. Zucker	ca. 0,05 DM
1 Zitrone (Saft)	ca. 0,20 DM
1 Eßl. Ananassaft (Dose)	

Preis insgesamt: 1,60 DM
Preis pro Person: 0,40 – 0,53 DM

Zubereitung:

Nudeln kochen und mit kaltem Wasser abschrecken. Ananas in kleine Stückchen schneiden und mit Nudeln vermischen. Die Soße unter die Nudeln mit den Ananasstückchen untermischen.

Guten Appetit!

„Philosophie der Angst“ (Sören Kierkegaard)

Intensiv beschäftigte sich der dänische Philosoph Kierkegaard mit Fragen der menschlichen Existenz. Er erforschte, daß sich der Mensch in ständiger Fremdheit zur Welt und zu sich befindet. In innerer Zerissenheit, abgründiger Angst und Verzweiflung kennzeichnet er die Grundsituation des Menschen. In der Angst aber liegt auch die Möglichkeit der Freiheit. Denn mit der Freiheit steht der Mensch vor Möglichkeiten zwischen denen er zu entscheiden hat. Er entdeckt damit, daß er nicht festgelegt ist, sondern sein Sein ein Seinkönnen ist. Kierkegaard selbst: „ Das Ungeheure, das einem Menschen eingeräumt ist, ist die Wahl, die Freiheit.“

Treffen auch Sie ihre Wahl und mit Ihrem Geschmack wird der Nudelsalat – wird die Wahl – vielleicht auch für Ihre Gäste von entscheidender Bedeutung sein.

Thunfischsalat mit Weißkohl
(3 – 4 Pers.)

Zutaten:

400 g Weißkohl	ca. 0,40 DM
3 geh. Teel. Zucker	ca. 0,05 DM
2 Dosen Thunfisch	ca. 2,00 DM
1 Zwiebel	ca. 0,10 DM
1 Paprikaschote	ca. 1,00 DM
1 Tomate	ca. 0,20 DM
2 große Möhren	ca. 0,20 DM

Marinade:
80 ml Öl, 80 ml Essig
1 gestrichener Teel. Senf
1 Teel. Kräuter der Provence ca. 0,40 DM

Preis insgesamt: 4,35 DM
Preis pro Person: 1,09 – 1,45 DM

Zubereitung:

Weißkohl mit Zucker ca. 1/2 Std. einweichen. Thunfisch (Öl abgießen), zerkleinerte Zwiebel, Paprikaschote (Streifen), Tomate (Würfel), Möhren (Scheiben) hinzufügen. Die vorbereitete Soße in den Salat untermischen.

Serviervorschlag: mit frischem Baguette und Butter
oder aufgebackenen Brötchen

Guten Appetit!

„Angeborenes Prinzip der Gerechtigkeit" (Jean Jacques Rousseau)

Das Ursprüngliche im Menschen liegt im Gefühl. Das Gefühl hat Vorrang vor der Vernunft und dem Verstand. Es ist zugleich als ursprüngliches Gefühl das Gewissen, welches die Handlungen als gut oder böse beurteilt. Der Mensch ist an sich gut, und im Vertrauen auf sein unmittelbares Empfinden erkennt er gut und böse. Der noch nicht vergesellschaftete Mensch, der im Naturzustand sich befindliche individuelle Mensch, ist an sich durch sein Gutsein bestimmt. Erst im Prozeß der Vergesellschaftung des Menschen erwacht auch die nackte Eigenliebe, die als Herkunft des Bösen zu verstehen ist. Das Eigentum und die damit verbundene Begrenzung der Freiheit des Anderen ist der Verlust von Freiheit jeden Subjekts und der Beginn von Staat und Ungleichheit. Begründet sich der Staat jedoch in der Einheit der Freiheit von allen, so vermag er menschlich erscheinen.

Vertrauen auch Sie Ihrem ursprünglichen Gefühl und probieren Sie diese ausgewählte Zusammenstellung von Naturprodukten. Zwar unterscheidet Ihr Gefühl beim Verzehr des Salates nicht, ob gut oder böse, nein, sondern vielmehr, ob sich gesunde Ernährung mit gutem Geschmack vereinbaren läßt. Ein Vorschlag, wie mit einfachen Mitteln diese Einheit zu erreichen ist, wird Sie selbst überraschen.

Waldbeercreme mit Eierlikör und Kirschen (4 Personen)

Zutaten:

500 ml Milch	ca 0,35 DM
1 Packung Sahnepudding	ca. 0,30 DM
2 Eiweiß (Schnee)	ca. 0,28 DM
4 gehäufte Eßl. Waldbeerkonfitüre	ca. 0,50 DM
80 ml Eierlikör	ca. 1,00 DM
2 Teel. Kakaogetränk	ca. 0,05 DM
ca. 40 Kirschen (aus dem Glas)	ca. 0,30 DM
Schlagsahne in Dose (ca.1/8 Dose)	ca. 0,40 DM

Preis insgesamt: 3,18DM
Preis pro Person: 0,80 DM

Zubereitung:

Pudding kochen. In den warmen Pudding Waldbeerkonfitüre und Eiweiß unterrühren, in Schalen füllen und kalt stellen. Mit Eierlikör begießen, mit Kirschen schmücken. In die Mitte ein Sahnehäubchen setzen, mit einer Kirsche obenauf schmücken und mit Kakaogetränkpulver bestreuen.

Guten Appetit!

„Das wahre Sein der Ideen“ (Platon)

Platon gilt als der Vertreter des „griechischen Idealismus“. Die Dinge in der Welt besitzen nur insofern Gültigkeit, als sie an den Ideen teilhaben. Das wahre Sein sind die Ideen. Die Erscheinungen sind nicht wirklich. Erst indem der Mensch über die Begriffe, die Ideen rekonstruiert hat, werden die Dinge erkennbar. In einer unkörperlichen Präexistenz hat die Seele, die unsterblich ist, bereits die Wahrheit und das wirkliche Sein der Dinge erschaut. Wiedererinnerung der Seele an diesen Zustand im körperlichen Sein ist Erkenntnis. Die oberste Idee ist die Idee des Guten, quasi das Sahnehäubchen auf der Creme. Sie macht Erkenntnis möglich, wie die Sonne, die alles bestrahlt und es in seiner Eigenart zeigt. Der Eierlikör als Idee des Schönen, die Kirsche als die Idee der Gerechtigkeit, kann symbolisch hinabsteigen bis zu der Creme an sich. Die wahre Erkenntis, in unserem Fall die über die Waldbeercreme, ist nur möglich, weil es eine Idee der Waldbeercreme gibt. Ihr verleiht die Waldbeercreme ihre Existenz. Probieren Sie langsam hinabsteigend, von der Idee des Guten bis zur Creme, ob sich Ihre Idee von der Waldbeercreme realisiert hat, so wie Sie sich das vorgestellt haben.

Kokosnußcreme mit Erdbeeren
(4 Pers.)

Zutaten:

500ml Milch	ca. 0,35 DM
1 Packung Sahnepudding	ca. 0,30 DM
2 Eiweiß (geschlagener Schnee)	ca. 0,28 DM
8 geh. Eßl. Kokosnußraspeln	ca. 0,20 DM
3 Teel. Baccardi	ca. 0,30 DM
1 Päckchen Vanilinzucker	ca. 0,15 DM
300 g Erdbeeren	ca. 1,00 DM
2 Eßl. Zucker	ca. 0,05 DM

Preis insgesamt: 2,63DM
Preis pro Person: 0,66 DM

Zubereitung:

Kokosnußraspeln durch die Mühle zu Pulver verarbeiten. Eiweiß zu Schnee schlagen. In der Zwischenzeit den Pudding kochen. In den warmen Pudding den Eiweißschnee vorsichtig unterrühren. Kokosnußpulver und Rum hinzufügen. In mehrere Portionen verteilen und abkühlen lassen. Anschließend die einzelnen Cremeschalen mit kleinen Erdbeerstückchen, die mit Zucker gemischt sind, bestücken.

Guten Appetit

„Ästhetische Erziehung des Menschen“ (Friedrich Schiller)

In der Philosophie der Aufklärung entstand die Frage nach der sittlich moralischen Bestimmung des Menschen. Zwischen Neigungen und Pflicht hin- und hergerissen, war es nach Kant ein Sittengesetz, welches den Menschen moralische Grundlage für moralisches im Unterschied zu unmoralischen Handeln bieten sollte. Für Schiller hingegen sollte es die Erziehung zu einem ästhetischen Leben sein. Der Eigenwert des Schönen wird in einem ästhetischen Leben erkannt, indem sich der Spieltrieb entfaltet. Im Ideal der schönen Seele sah Schiller den Widerstreit zwischen den Naturtrieben und den Forderungen der Vernunft miteinander versöhnt. Ihre Natur ist so veredelt, daß sie von sich aus das Sittengesetz mit Neigung erfüllt.

Auch bei dieser Kokosnußcreme veredeln die Zutaten die geschmackliche Schönheit, und mit verspielter Farbzusammenstellung erheitert schon der bloße Anblick ihre Seele. Genießen Sie die Schönheit und Erhabenheit des Geschmacks.

Bananencreme
(4 Pers.)

Zutaten:

2 reife Bananen	ca. 1,00 DM
1 Becher Schmand	ca. 0,69 DM
8 geh. Teel. Zucker	ca. 0,10 DM
1 Päckchen Vanilinzucker	ca. 0,15 DM
2 Eigelb	ca.0,28 DM
2 Kiwis	ca. 0,40 DM
150 g Kirschen (Glas)	ca. 0,20 DM
2 Eiweiß (Schnee)	
Schlagsahne (Sprühdose) 4 Häubchen	ca. 0,20 DM
1 Eßl. Kakaogetränk	ca. 0,10 DM

Preis insgesamt: 3,12 DM
Preis pro Person: 0,78 DM

Zubereitung:

Bananen mit Vanilinzucker, 4 Teel. Zucker und Schmand mixen. Einweiß hinzufügen und in Glasschalen verteilen. Eigelb gesondert mit 4 Teel. Zucker unterrühren. Schneehäubchen auf die Bananencreme aufsprühen und mit Eigelb begießen. Mit Kiwis und Kirschen garnieren und zum Schluß mit Kakaogetränk bestreuen.

Guten Appetit!

„Tugend der Menschenliebe“ (Arthur Schopenhauer)

Egal, wie heftig Schopenhauer mit dem weiblichen Geschlecht auf Kriegsfuß stand, er entwickelte jedoch auch starke menschliche Grundtöne in seiner Philosophie. In der unmittelbaren, lebhaften und tiefgefühlten Teilnahme oder dem Mitleid für einen anderen sieht er eine moralische Triebfeder. Die bisweilen sogar dazu führen kann, das eigene Leben für einen anderen Menschen einzusetzen. Dieses instinktartige Teilnehmen an fremden Leiden sind allein die Quelle für Handlungen mit moralischem Wert. Mit dem Usprung der Menschenliebe verbunden, erwachsen solche Handlungen aus Mitleid ohne Wenn und Aber. Keine Argumentation, sondern jeder Abbruch der Argumentation fordert ein Handeln aus Mitleid. Aus einem solchen Handeln fließt der Grundsatz: Hilf allen, soviel du kannst.

Ist nicht die Menschenliebe das Sahnehäubchen unter den menschlichen Gefühlen?

Grießklößchen mit Kirschen und Sahne
(5 – 6 Pers.)

Zutaten:

200 ml Grieß	ca. 0,30 DM
500 ml Milch	ca. 0,40 DM
2 Eßl. Zucker	ca. 0,05 DM
1 Päckchen Vanilinzucker	ca. 0,10 DM
1 Zitrone (Saft)	ca. 0,10 DM
3 geh. Eßl. Kartoffelstärke	ca. 0,10 DM
150 g Kirschen (Glas)	ca. 0,85 DM
150 – 200 g Paniermehl	ca. 0,50 DM
1 Ei	ca. 0,15 DM
ca. 200 g Margarine	ca. 0,50 DM

Soße:

2 Becher Schmand	ca. 1,40 DM
1 Päckchen Vanilinzucker	ca. 0,10 DM
1 Zitrone (Saft)	ca. 0,10 DM
8 geh. Teel. Zucker	ca. 0,10 DM

Preis insgesamt: 4,75 DM
Preis pro Person: 0,80 – 0,95 DM

Zubereitung:

Grieß mit Milch, Zucker, Zitronensaft und Vanilinzucker unter ständigem Rühren zu einer dicken Masse kochen. Anschließend Kartoffelstärke, Ei und zerkleinerte Kirschen hinzugeben.

Vorsichtig in kleine flache Grießklößchen formen und in Paniermehl wenden. In der Pfanne dann von beiden Seiten goldbraun braten.
In der Zwischenzeit die Soße vorbereiten: Schmand mit Vanilinzucker, Zucker und Zitronensaft vermischen. Die Soße auf die warmen Grießklößchen gießen. Warm servieren.

Guten Appetit!

„Mystisches Philosophieren“ (Meister Eckhart)

Meister leitet sich von Magister ab. Er übernahm 1302 einen Lehrauftrag in Paris und bekam den Zusatz „Meister“. Seine Philosophie versteht sich als erfahrbarer Lebensweg, der nicht in rationalen Argumentationen mündet. Im Beginn der mystischen Erfahrung geht es vorerst darum, eine Absage an die gesamte welthafte Wirklichkeit zu leisten. Dadurch gelangt der Mensch zur „Abgeschiedenheit“. Der Mensch soll sich nicht mehr um Äußeres kümmern. Mitten in der Welt muß sich der Mensch vom Verfallensein an die Dinge freimachen. Im nächsten Schritt erfolgt die Abgeschiedenheit auch von sich selbst: die Selbstaufgabe. Im Loslassen von seinen Wünschen, Willen und Vorstellungen gelangt er dann zur Gelassenheit, die nicht die Zerstörung des Selbst ist. Im Gegenteil: die Steigerung der Abgeschiedenheit führt dazu, daß das Eigentliche im Menschen, dem „Innersten der Seele“, die Möglichkeit gegeben wird, zum Vorschein zu kommen. Wer weiß, vielleicht steckt im Inneren eines solchen Grießklößchens mehr Geschmack und hält ihren Appetit mehr im Bann als Sie vermuten? Wenn Sie dann des öfteren die Klößchen zubereiten, wissen Sie zumindest, daß Sie so leicht nicht davon loslassen können. Nehmen Sie es mit Gelassenheit.

Apfelmuscreme mit Zimt
(4 Pers.)

Zutaten:

1 Packung Sahnepudding	ca. 0,30 DM
200 ml Milch	ca. 0,20 DM
2 Eiweiß (Schnee)	ca. 0,28 DM
300 ml Apfelmus (Tüte)	ca. 0,20 DM
2 Eßl. Baccardi	ca.0,20 DM
1 Eßl. Zucker	ca.0,05 DM
1 Päckchen Vanilinzucker	ca.0,10 DM
1 Teel. Zimt	ca. 0,10 DM

Zum Garnieren:

1 Kiwi (Halbmonde)	ca. 0,20 DM
12 Kirschen (Glas)	ca. 0,10 DM
30 ml Eierlikör	ca. 0,10 DM
Schlagsahne (Häubchen)	ca. 0,20 DM

Preis insgesamt: 2,03 DM
Preis pro Person: 0,51 DM

Zubereitung:

Milch mit Apfelmus mixen. Davon 6 Eßl. entnehmen und mit 1 Eßl. Zucker und Puddingpulver vermischen. Den Rest zum Kochen bringen und mit dem Puddingpulver unterrühren.
In der Zwischenzeit Eiweiß zu Schnee schlagen.

Dem warmen Pudding hinzufügen: Baccardi, Zimt und das geschlagene Eiweiß in die Schalen füllen und kalt stellen. Mit Kiwis, Kirschen und Eierlikör schmücken.

Guten Appetit!

„Wie sollte das Dasein Gottes zu beweisen sein?" (Voltaire)

Der französische Philosoph galt als erklärter Fürst der Aufklärung. Er stand oft mit den Repräsentanten der Heiligkeit in Widerspruch. Fragen nach der Existenz Gottes, insbesondere der Beweisführung der Existenz Gottes, beschäftigten ihn. Bei einer großen Katastrophe in Lissabon, einem Erdbeben, zweifelte er stark an den Behauptungen des Philosophen Leibniz und dessen Betitelung der Welt, als der „besten aller möglichen Welten". Angesichts des Leidens und der Trostlosigkeit in der Welt war es Voltaire ein Rätsel, an Gott zu glauben. Andererseits sagt er zynisch: „Ich wundere mich, daß man unter so vielen überstiegenen Beweisen für das Dasein Gottes noch nicht darauf verfallen ist, das Vergnügen als Beweis anzuführen; das Vergnügen ist etwas Göttliches, und ich bin der Meinung, daß jedermann, der guten Tokaier trinkt, der eine schöne Frau küßt, mit einem Wort, der angenehme Empfindungen hat, ein wohltätiges höchstes Wesen anerkennen muß."

Wenn auch Sie der Meinung sind, daß die Süße dieser Creme Ihnen „angenehme Gefühle" vermittelt, so kann hierdurch möglicherweise auch das Dasein Gottes durch Ihren Appetit hindurchwirken.

Apfelkuchen mit Streusel (Hefeteig)
(ca. 8 Pers.)

Zutaten:

1 Glas Milch (200 ml)	ca. 0,20 DM
1 Würfel Hefe	ca. 0,20 DM
3/4 kg Äpfel (süß-sauer)	ca. 2,00 DM
1 Päckchen Vanilinzucker	ca. 0,10 DM
4 Eier (4 Eigelb/2 Eiweiß)	ca. 0,56 DM
1/2 Glas Zucker (100ml)	ca. 0,20 DM
1/2 Zitrone	ca. 0,10 DM
1/2 Glas Sonnenblumenöl (100ml)	ca. 0,20 DM
500 g Weizenmehl	ca. 0,20 DM
2 Eßl. Zimt	ca. 0,20 DM

Streusel:

4 Eßl. Weizenmehl	ca. 0,10 DM
4 Eßl. Zucker	ca. 0,10 DM
100 g Margarine	ca. 0,40 DM
Puderzucker zum Überstreuen	

Preis insgesamt: 4,36 DM
Preis pro Person: 0,55 DM

Zubereitung:

Milch zum Kochen bringen. Zur warmen Milch (Höchstgrenze: 60–70 Grad) Hefe mit 1 Teel. Zucker vermicht hinzufügen und gehen lassen (In größerem Behälter). Mit Mehl, Eier (Eigelb/Eiweiß), Va-

nilinzucker, Öl, Zucker und den Saft einer 1/2 Zitrone zu einem Teig verarbeiten (kneten).
In der Zwischenzeit Äpfel schälen und entkernen, in kleine Stücke schneiden. Den Teig auf einem Blech ausrollen, vorher das Blech mit Öl oder Margarine einfetten. Darauf dann die Äpfel mit Zimt legen und im Backofen bei halb geöffneter Tür und einer Temperatur von ca. 50 Grad gehen lassen.

Streusel:
Margarine mit Mehl und Zucker kneten, bis sich kleine Klumpen bilden. Anschließend die Streusel auf dem Kuchen verteilen und bei einer Temperatur von 180 – 200 Grad backen. Mit einem dünnen Holzstäbchen in den Kuchen stechen und prüfen, ob der Teig schon gebacken ist (der Teig darf nicht am Holzstäbchen kleben). Kurz vor dem Servieren mit Puderzucker bestreuen.

Guten Appetit!

„Kampf der Klassengegensätze“ (Karl Marx)

In der Auseinandersetzung mit der Philosophie Hegels versteht Marx das dynamische Prinzip der Wirklichkeit nicht in einem Weltgeist gegründet. Wirklichkeit ist geschichtliche Entfaltung von Arbeits- und Produktionsverhältnissen. Wirklichkeit ist nicht an eine abstrakte Erkenntnis gebunden, sondern das Resultat von Arbeit. Die ökonomischen Verhältnisse führen zu Klassengegensätzen, die sich in der Revolution aufheben. Das Bewußtsein ist abhängig vom gesellschaflichen Sein, und erst die Veränderung der konkreten Realität ist Fortschritt. Fortschritt verläuft mit Notwendigkeit, und der Geschichtsprozeß unterliegt gesetzmäßigen Regeln. Der Kapitalismus ist gekennzeicht durch eine kleine Gruppe von Eigentümern an Produktionsmittel und der Masse der Produktivkräfte. Bei steigender Verelendung und Armut der unterdrückten Klasse der Arbeiter, steigt die zwingende Notwendigkeit die Verhältnisse umzustürzen. Zugegebenermaßen ist die Zubereitung des Apfelstreusels ein unter genauer Beobachtung stehender geschichtlicher Akt. Der Teig erfährt im Ofen die Veränderung seiner Substanz und entwickelt sich nach anstrengender Mühe zu einer Geschmacksrevolution.

Nachwort

Ich hoffe, es hat Ihnen geschmeckt. Wer weiß, vielleicht findet das eine oder andere Gericht dauerhaft Zugang zu Ihrem Herzen und einen ständigen Platz in Ihrer Küche. Alle Gerichte sind natürlich auch je nach individuellem Geschmack variabel. Es gibt keine Allgemeingültigkeit feststehender Regeln beim Kochen und Gestalten von neuen Gerichten. Das meiste bleibt ihrer Phantasie und Ihrem Geschmack überlassen.

Über Geschmack läßt sich bekanntlich streiten, aber über Preise nicht. Und preiswert und schmackhaft zu speisen ist ein Wohlgefühl für Ihre Sinne und das Portemonnaie.

Die Gerichte, Suppen, Desserts und Salate sind vorwiegend experimentell entstanden. Ein Experiment, das auch Sie ermutigen könnte, selbst kreativ mit dem Kochen umzugehen. Sie werden sehen, jedes Gericht ist ein Wagnis, aber jedes erfolgreiche Wagnis ist der Weg zu neuen Kochrezepten.

Die geistige Nahrung, die dieses Kochbuch zusätzlich garniert, soll auch Ihren philosophischen Appetit etwas anregen. Möglicherweise entwickeln sich interessante Tischgespräche, die Sie bei vertiefter Lektüre des einen oder anderen Philosophen noch längere Zeit in Bann halten wird.

In leichter Abwandlung von Jean Jacques Rousseaus Worten in seinen „Bekenntnissen" wünsche ich Ihnen noch viel Vergnügen und Spaß beim Kochen.

„Ich koche mit meinem Herzen, und ich kenne die Menschen. Ich koche nicht wie einer von denen, die ich gesehen habe; ich wage sogar zu glauben, daß ich nicht wie einer der allermeisten Lebenden koche. Wenn ich nicht besser koche, so koche ich wenigsten anders. Ob die Natur wohl oder übel daran tat, die Form zu zerstören, in die ich die Gerichte gegossen habe, kann man erst beurteilen, nachdem man die Rezepte ausprobiert hat. Mag die Trompete des Jüngsten Gerichts wann immer erschallen, mit diesem Kochbuch in der Hand werde ich mich dem obersten Richter stellen."

Viel Spaß beim Kochen und Lesen.